AF245334

SIÉGE

ET

PRISE D'ÉPERNAY

(1592)

PAR M. HENRY,

MEMBRE DE L'ACADÉMIE IMPÉRIALE DE REIMS.

REIMS

P. DUBOIS, IMPRIMEUR-LIBRAIRE

Rue de l'Arbalète, 9.

—

1860.

SIÉGE

ET

PRISE D'ÉPERNAY (1592)

Ceux d'Epernay profitèrent de l'avis du roi et du départ de Saint-Paul pour recommencer leurs courses dans le pays de Reims avec plus d'audace et de succès. « Le minuit devant le 29 Avril et le 3 Mai, ils vinrent piller une partie des bourgs de Porte-Chacre, » enlever les chevaux et les laboureurs, saccager les villages circonvoisins, entre autres Lavannes et Villers-Allerand.

De bonnes nouvelles de Rouen rassurèrent les Rémois. Le lendemain même de l'affaire des faubourgs (30 Avril), pour célébrer la retraite du roi de Navarre, le canon gronda le matin après le *Te Deum*, et le soir, vers les sept heures, sur les remparts, du côté de Châlons et d'Epernay : c'était le signal d'une prochaine et solide revanche. Les ligueurs de Reims la demandaient depuis plus de trois ans, surtout depuis huit mois. Dans une occasion solennelle, à l'arrivée du duc de Guise, les conseillers municipaux avaient publiquement manifesté le désir de tous (28 Novembre 1591), « suppliant le prince de les descharger d'Epernay, tant pour le bien du pays que pour la ville de Paris, qui en pouvoit tirer vivres et autres commodités. » Peu après (25 Novembre), ils s'adressèrent au duc de Mayenne et à

Saint-Paul, « passant bien près d'eux et sans rien faire à la conduite de la grosse et généreuse armée espagnole, » qui venait de délivrer Paris. Trouvant les seigneurs français sourds à leur requête, ils eurent recours au duc de Parme lui-même, mais seulement l'année suivante, au moment où il venait de délivrer Rouen. Apprenant que ce prince était à Château-Thierry (24 Mai 1592), « dans l'intention de raffreschir son armée en Brie » ils lui députèrent aussitôt le doyen Frizon, le procureur Moët, les conseillers Souyn et Parent, pour le saluer de la part de la ville de Reims, et le prier de prendre Epernay, offrant, *à cet effet*, *tout ce qui était du pouvoir des habitants*. En même temps, ils renouvelaient leurs doléances aux ducs de Guise, de Mayenne et de Lorraine, suppliant ce dernier de joindre son armée à celle des catholiques, *et repurger cette pauvre France tant affligée*, demandant au légat du pape, à Madame de Saint-Pierre, à M. de Saint-Paul, de joindre leurs lettres et leurs instances à celles du conseil. Enfin, pour donner plus de poids à leurs prières et à leurs raisons politiques, ils avaient soin d'y ajouter quelques présents : Saint-Paul eut pour sa part douze douzaines de serviettes, six douzaines de vaisselles et *deux aidières d'étain* ; le duc de Parme, le prince son fils, Monseigneur d'Ascoly, La Mothe, Grandclive, Jornet, maréchal-de-camp ; don Antonio Serrano, grand-maître de l'artillerie et magasins ; Pistre, quartier-maître d'un régiment d'artillerie ; Joannes, commissaire ; don Diégo, le véador, et autres seigneurs de la suite de Son Altesse, deux queues de vin blanc en bouteilles et des fruits secs. Les produits rémois pouvaient faire les délices des étrangers, mais aux seigneurs français

il fallait des présents moins primitifs, moins champenois. Le conseil le savait bien : sur la proposition
du doyen Frizon et du lieutenant Pillois, il vota « de
fortes sommes d'écus : à M. de Saint-Paul , 2,000 ; à
M. de Rosne , lieutenant du duc de Mayenne, 1,200 ;
à M. de Boissieux , secrétaire d'état et commissaire
général de l'armée, 800 ; à M. de l'Islet, aide-de-camp,
200. » Mais, en gens bien avisés, les Rémois ajoutèrent
à leurs conclusions : « que les écus ne seroient déli-
vrés qu'après la prise d'Epernay, quand l'armée
catholique leur auroit fait ce plaisir. »

Ainsi, les députés partirent les mains pleines.
Saint-Paul devait les accompagner : il s'excusa, vou-
lant faire une tournée en Rethelois, et à Mézières,
pour surveiller Sedan. Il se contenta d'envoyer à
Château-Thierry son argentier Duret, qui rapporta
que le prince consentait à l'entreprise, si ceux de
Reims fournissaient toutes munitions de guerre. Le
doyen Frizon revint (15 Juin) avec une semblable
réponse, que le duc de Parme confirma en venant à
Reims, où il loua les greniers de Saint-Nicaise pour
y mettre ses grandes provisions de blé. Le même
jour, l'aumônier du duc de Lorraine, présent à la
chambre du conseil, « fit entendre la bonne volonté
et affection de son maître à la cause générale de la
sainte Union, d'aider la ville en tout ce qu'il pourra,
et pour ce faire, de s'y acheminer avec son armée. »

Le siége une fois décidé, les habitants de Reims
se mettent à l'œuvre avec une activité extraordinaire,
avec l'ardeur que donnent des intérêts longtemps
lésés, de vieux ressentiments et de grandes espérances,
pensant bien que prendre Epernay, c'est recouvrer
la paix et l'abondance, se débarrasser d'une partie

de leur garnison et menacer Châlons. Comme avant-garde, ils envoient à Mareuil cent hommes de pied et des charpentiers pour réédifier le pont de ce bourg, sur la Marne : ils décident qu'ils fourniront ce qui en suit, sçavoir : « les deux gros canons faits de neuf, les deux couleuvrines, la neuve et la vieille, vingt milliers de poudre à canon, dont quatre tonnes menue graine, huit cents balles à canon, quatre cents balles à couleuvrines, deux cents honcets ou paislons ferrés, cent paislons de bois, cent cerpes, trente haches, six vingt mille pains de vingt onces cuits et racis, deux tiers seigle et un tiers froment, deux cents sacs à mettre terre, deux cents petits pagniets à deux ances, des cordages, des enharni-chements et des barques pour faire un pont. » (Conclu-sion du 18 Juin 1592.)

MM. Robillart, Legrand, Boullet, Pillois, De Vaux, Gauthier, Parent, Rousselet, Mimin et Gérard Frizon sont délégués pour *ordonner aux nécessités du siége;* Bazin et Husson, pour faire faire, recevoir et délivrer le pain; Mimin, Nicolas Godinot, Serval et Le Dieu, pour négocier un emprunt de 6,000 écus. Pierre Cocquil-lart est nommé commissaire général des munitions ; Claude Roussin, maître canonnier chargé du com-mandement de la batterie de Reims ; Philippe Moet, envoyé au camp par-devers M. de Rosne, pour prendre *garde à ce qui seroit nécessaire et avertir le conseil.* On dresse un état qui impose aux habitants et com-munautés, tant clercs que laïques, de fournir sans délai, à la grange de ville, une partie des munitions. Douze messagers, autant de sergents, vingt à trente archers se mettent en campagne, portant lettres et mandements aux villes et villages, à Fismes, Cormicy, Troyes, pour demander assistance, « ou faire tenir prêts chevaux, charrettes et pionniers. »

Cependant, l'armée catholique campait devant
Epernay. Cette ville., comme toutes les places fortes
du temps, était entourée de hautes murailles flanquées de tours ; la Marne les couvrait au nord ; en
cas d'attaque, il suffisait de rompre le pont et d'élever un fort ; des autres côtés, un large fossé plein
d'eau, des terrassements, et en seconde ligne le ruisseau le Cubry en défendaient les approches. Pourtant,
dans son ensemble, la place *n'était bonne* ni bien entretenue. Le gouverneur Saint-Etienne, plus habile à
attaquer qu'à se fortifier, se trouvait surpris. Il faisait
son possible pour augmenter la garnison et *remparer les endroits faibles,* implorant le secours du roi,
du duc de Nevers et des Châlonnais.

Aucun royaliste ne paraissant, la ville semblait si
facile à prendre, que les princes catholiques ne voulurent pas même s'y arrêter : le duc de Parme se
rendit aux eaux de Spa pour panser sa blessure ; le
duc de Mayenne à Soissons, puis à Château-Thierry,
pour surveiller la marche du roi de Navarre, laissant le commandement de l'armée de siége à ses
lieutenants, sous l'autorité du sieur de Rosne. Les
Rémois envoyèrent à ce dernier, coup sur coup (18,
21 et 25 Juin), leur artillerie et deux grands convois
de munitions. A de nouvelles demandes de pain, de
vin et d'avances pécuniaires, ils répondirent « *qu'il
y avoit de tout au pays d'Epernay,* » puis cédèrent,
épuisant leurs provisions de farine, envoyant quelques bouteilles aux seigneurs de l'armée ; l'argent
seul fut obstinément refusé. « *La ville prise, nous ne
manquerons aucunement à nos promesses,* » telle était

leur première, telle demeura leur dernière conclusion.

Ces assurances positives, l'espérance d'un grand butin, l'absence obstinée du duc de Nevers, l'éloignement du roi de Navarre, l'effroi des royalistes, enfin l'arrivée de Saint-Paul et de ses gens d'armes, parmi lesquels se trouvaient, sans doute, plusieurs volontaires de Reims et les exilés d'Epernay, décidèrent les catholiques à presser le siége. La place résista pendant huit jours, endura 992 coups de canons et quatre attaques meurtrières. Alors, « voyant grande brèche, M. de Saint-Etienne se rendit à composition, le dimanche 27 Juin; » ses soldats jurèrent de ne plus porter les armes contre la sainte Union et se dispersèrent. Pour lui, il se retira à Châlons, où il fut constitué prisonnier, le bruit « commun estant que MM. de la cour de parlement lui feroient trancher la teste, pour s'estre trop hasté de se rendre, comme on avoit fait au sieur Flamanville, gouverneur de Villefranche. »

Le malheur dont était menacé Saint-Etienne doublait la joie des habitants de Reims, qui parlaient déjà de son exécution, de la confiscation de *ses biens et escus, fruit de ses meschants faits, pilleries et voleries.* D'un autre côté, ils se hâtaient de payer leur gloire, vidant leurs coffres, donnant tout ce qu'ils avaient promis et plus; offrant à Saint-Paul un présent qui devait singulièrement flatter sa vanité de parvenu, quelques riches meubles du cardinal de Guise, « un pavillon écarlate fait de broderie noire, un lit d'écarlate rouge, avec les soubassements, les rideaux de taffetas, la couverture de taffetas piquée, un matelas et le travers, une tenture de tapisserie de huit pièces en feuillages, une autre de cinq pièces, contenant l'histoire de Débora. »

Mais la joie de la victoire et de la vengeance dura à peine un jour. Dès le 29 Juin, on apprit que l'ennemi était à Fère-en-Tardenois, et peu après, que Saint-Etienne vivait pour servir de guide au roi de Navarre et *se revancher*.

Henri IV, obligé de lever le siége de Rouen à l'arrivée du duc de Parme (22 Avril), avait d'abord résolu de convertir le siége en bataille, d'affronter les ennemis, pour faire *perdre aux uns le chemin, aux autres l'envie de plus revenir ravager ou troubler le royaume*. Voyant son insaisissable adversaire, malgré trois semaines d'escarmouches, une mortelle blessure, *des piques continuelles* avec Mayenne, parvenir (15 Mai, à Caudebec) à passer la Seine *et à sa barbe*, le roi, fatigué de ses inutiles efforts, renonça à le poursuivre. Il laissa rafraîchir sa cavalerie au nord de la Seine, envoya son infanterie au secours des royalistes du Maine défaits par Mercœur, incertain s'il irait lui-même en Bretagne où l'appelaient le parlement de Rennes et M. de Beauvoir, ambassadeur français à Londres, ou en Champagne, pour complaire au parlement de Châlons et au duc de Nevers. Le séjour du duc de Parme en Brie et le siége d'Epernay le décidèrent à courir au plus pressé, se proposant ce double fruit (fin Juin) : « consoler la Champagne et se servir en passant des étrangers qu'il congédioit, contenter les étrangers en les accompagnant jusqu'à mi-chemin et en les dédommageant de ce qu'il n'avoit pu leur donner en paiement. » Il voulait surtout sauver Epernay, dont la perte lui serait *très-fâcheuse*, sachant bien qu'il s'agissait du salut de Châlons. « La place n'est bonne, disait-il, mais j'espère que le bon nombre d'hommes qui est dedans pourra tenir quelques jours. »

Apprenant, à Fère, qu'Epernay était pris, il voulut revenir sur ses pas, se contenter de fortifier les places qui lui restaient et envoya le duc de Bouillon reconnaître l'état de Châlons (1). Le duc revint à Fère, le 6 Juillet, avec plusieurs députés châlonnais. Ceux-ci, se jetant aux pieds du roi, « lui exposèrent que la province, chargée de deux armées ennemies, de celle du duc de Parme, qui l'opprimoit du côté de Châlons, de celle du duc de Lorraine près de Langres, ne pouvoit résister ; ou elle succombera, ou elle s'accommodera aux pratiques des ennemis qui y ont déjà eu quelque effet et sont pour en avoir de pires. » Leurs instances, leurs conseils, ou plutôt sa perspicacité, firent comprendre à Henri IV tout le danger de la situation. Il arrêta aussitôt son plan de campagne : *faire d'abordée un bon effet contre Epernay, la recouvrer, revenir au général des affaires* et aller en Bretagne, tandis que le duc de Nevers continuera la guerre en Champagne.

Conformément à ce plan, qui fut suivi à la lettre et d'abordée, comme disait le roi, tous les royalistes champenois furent appelés aux armes ; le duc de Nevers, enfin sorti de sa torpeur, se rendit vers la Meuse pour ramener des canons de Sedan et de La Cassine, recueillir les garnisons de Donchery, de La Capelle et de Maubert-Fontaine. Le roi (9 Juillet)

(1) Le duc s'adressa aussi aux habitants d'Epernay, qu'il tâcha de ramener au roi. Ceux-ci répondirent qu'ils mangeraient bien leur soupe sans Bouillon. De ce mauvais calembour est sorti un proverbe qui a encore cours dans le pays. La soupe sans bouillon est appelée par les paysans *la soupe d'Epernay*.

vint camper à Damery-sur-Marne, tout près d'Epernay. Le soir même de son arrivée, il monta à cheval
pour aller le long de la Marne, de l'autre côté
d'Epernay, en reconnaître les avenues. Le maréchal
de Biron voulut être de la partie. « Alors il est advenu
qu'un coup d'une petite pièce (une pièce de Reims),
tiré de la ville, lui porta sur la teste, dont il mourut
sur l'heure. » Henri IV regretta vivement le *plus
expérimenté, fidèle et affectionné de ses capitaines.*
Privé de cet appui, obligé de licencier les reistres et
lansquenets du prince d'Anhalt, et ne voyant paraître
aucun renfort, il occupa Mareuil, puis se rendit à
Châlons (13 Juillet) et pressa les armements de cette
ville. Le 16 Juillet, impatienté des lenteurs du duc de
Nevers, il alla au-devant de lui jusqu'à Suippes et
Sommepy, pour faciliter son passage, lui écrivant :
« Mon cousin, faisons diligence et hâtons-nous de
faire quelque chose de bon, tandis que la saison est
belle et l'estonnement parmi nos ennemis. » Enfin,
les renforts arrivant, le roi et Nevers rentrèrent à
Châlons.

De leur côté, les ligueurs sont, comme à l'ordi-
naire, indécis, divisés, *dans l'estonnement,* c'est-à-dire
frappés de l'irrésistible épouvante qu'inspire le rapide
et terrible capitaine appelé par eux *le roi de Navarre,*
et par le peuple *le Diable-à-Quatre.* Le nouveau gouverneur d'Epernay, M. de Villers, frère de Saint-
Paul, fait preuve d'activité et de prévoyance : réparer
la brèche, augmenter les anciennes fortifications,
rendre difficiles les abords de la place par la démo-
lition de deux faubourgs, par des ravelins et des cou-
pures pleines d'eau, par des arbres abattus et laissés
sur terre, voilà son œuvre en quinze jours. Il a pour

lieutenant le sieur de la Bourlotte, colonel d'un régiment de Wallons, depuis longtemps fameux par son courage et tout récemment encore par son audace devant Rouen. Il compte aussi sur les secours de Saint-Paul et de Rosne, enfin sur l'intervention des Rémois.

Ceux-ci, songeant d'abord à leur ville, ne se pressent pas d'en sortir ; pourtant ils font les plus grandes dépenses et les plus louables efforts pour conserver leur conquête. Ils jettent de nouveau , sur toutes les routes, tous leurs messagers, pour avertir, demander secours, savoir des nouvelles de l'ennemi. Ils renouvellent leurs missives aux princes français et étrangers, aux ducs de Parme, d'Aumale, de Guise, de Lorraine. Le premier ne peut donner que des promesses, bientôt anéanties par la mort. Le second n'ose quitter la Picardie. On compte particulièrement sur le duc de Lorraine. Dans le courant de Juillet, on lui députe successivement le messager Jehan de Tourne et le doyen Frizon (27 Juillet), qui rapportent prompte et bonne réponse (7 Août). « Le duc, pour le grand désir de défendre le parti, particulièrement Reims et Epernay, promet d'envoyer en bref le prince d'Amblise avec dix compagnies de chevaux. » De son côté, le duc de Guise se met en route avec quelques centaines de cavaliers.

Les habitants de Reims font plus que de solliciter des secours : ils fournissent des munitions, canons, boulets, balles, mèches, poudre, piques, pelles, hoyaux, serpes, sacs, nacelles, même un moulin à bras et les charpentiers pour le monter. Mais, cette fois, leur ardeur est éteinte ; ils se font arracher ces munitions une à une, pique à pique, comme des gens épuisés, découragés, peu confiants dans M. de

Villers, *homme indiscret et éventé*, peu contents du sieur de Rosne et de Saint-Paul, qui dissipaient leurs soldats dans leurs places de l'Aisne et de la Meuse, au lieu de les masser vers la Marne pour garder Reims et Epernay. Leur plus grand chagrin est d'apprendre le départ de La Bourlotte, envoyé vers Château-Thierry et Dormans. Saint-Paul, en donnant cet ordre, disait qu'ainsi le voulaient ceux de Reims, qui, en réalité, *estimèrent la place perdue quand La Bourlotte en fut hors.* Pour calmer ce mécontentement et ces inquiétudes qu'il partageait peut-être, de Rosne rappela La Bourlotte, lui mandant de prendre 260 hommes de son régiment des meilleurs pour se jeter dans Epernay. Le colonel obéit aussitôt et partit de Dormans dans la nuit du 23 au 24 Juillet. Il était trop tard.

Au même moment, le roi, ou prévenu par des espions, *ou inspiré de Dieu,* revenait devant Epernay avec sa cavalerie. Le 23 Juillet, dans l'après-midi, il tira Saint-Etienne de prison pour lui servir de guide ; à cinq heures, il fit sonner à cheval, quitta Châlons, et, vers trois heures du matin, arriva à Damery, après avoir eu, toute la nuit, la cuirasse sur le dos ; se reposa deux heures sur la paille, *déjeuna d'une croûte de pâté de truite, qui de fortune se trouva es mains d'un palefrenier.* Givry passa la rivière pour aller à son château de Boursault et envoyer ses paysans aux informations. Ceux-ci avertirent bientôt du voyage de La Bourlotte. Ce brave fut aussitôt cerné ; il échappa, mais son régiment fut massacré. Henri IV raconte ainsi cet heureux coup de main dans une lettre, ou plutôt un bulletin de victoire adressé au duc de Nevers, écrit sur le champ

de bataille, et, pour ainsi dire, à coups d'épée :
« Déjà le sieur de Givry étoit après; je suis monté
incontinant à cheval avec ce que j'ay peu, et quatre
compagnies d'harquebuziers; j'ay passé la rivière,
Saint-Estienne servant de guide, et s'estant mis devant
avec les sieurs de Biron et de Montluc, les gens de
cheval arrivant à la file. Les ennemis estoient au bord
du bois du costeau qui regarde en la ville. Ils furent
de telle résolution qu'ils entreprirent de passer en
despit de nous. A quoy les sieurs de Montluc, Biron
et Givry ont apporté tout ce qui estoit en leur puis-
sance. Et l'heur a esté tel pour moy, qu'avec quinze
ou vingt des miens, j'y suis arrivé assez à propos pour
les enfoncer. Pour ce que je ne suis point vain, je ne vous
dirai pas qui y a bien fait ; vous l'apprendrez à vostre
venue par ceux qui y estoient. Mais bien vous assu-
rerai-je, mon cousin, que je n'ay bougé du lieu où
je les ay chargés, tant qu'il y en eut un en vie, de
façon qu'il ne s'est sauvé qu'un laquais et douze soldats
qui ont chacun quatre ou cinq coups d'épée. Je n'y
ay perdu que ce pauvre baron du Fort et le sieur
Pattas, et quelques-uns blessez. Vous pouvez croire
que c'est la plus nette défaite de secours qui se soit
jamais faite, et à deux cents cinquante pas de la
courtine de la ville. Un sergent, qui estoit demeuré
dans le bois à cause de son âge, m'a été amené prisonnier et m'a assuré qu'au dit régiment il ne reste
pas cent hommes, et encore qu'ils ne sont que canaille.
Je n'ay le loisir de faire part de cette bonne nouvelle
et de cet heureux commencement à mes bons sujets
de ma ville de Châlons, au sieur président de Blanc-
mesnil, ny à ma court de parlement. Vous ferez cela
pour moi et leur communiquerez ceste-ci. Il me semble

que nous en devons rendre grâce à Dieu, et il n'y aura pas de mal de faire chanter le *Te Deum*, afin que, voyant que nous ne sommes point ingrats, il nous continue ses grâces.

» Ecrit à Damery, le vendredi à midy, 24e jour de Juillet 1592. »

En même temps, le roi prie le duc de venir, le lendemain, coucher à Ay avec le reste de l'armée, infanterie, chevaux-légers, suisses, artillerie, pour rafraîchir la cavalerie, qui est harassée et n'en peut plus ; de faire descendre jusqu'à Tours-sur-Marne des bateaux pour servir de pont aux troupes et aux bagages. Il presse l'investissement de la place, craignant quelque nouvel effort de l'ennemi pour y entrer, et fait pendre un messager de Reims, Nicolas Rousseau, qui venait aux nouvelles ou cherchait à pénétrer dans la ville. Le duc n'arrive que le 26 ; alors les nouveaux venus, en présence du roi, attaquent le faubourg de Saint-Thiebaut, reculent, reviennent, enfin l'emportent. Le jeune Biron, qui croit la gloire et la vengeance de son père attachées au succès, dirige les travaux du siége. Les tranchées s'achèvent vite. Le 29, du bon matin, le roi et Nevers font le tour de la place, reconnaissent un endroit par lequel ils espèrent une bonne et brève issue de l'entreprise, y font placer l'artillerie, qui tire aussitôt.

Les assiégés se défendirent bravement ; dans la nuit du 24 au 25, ils tentèrent une sortie repoussée avec perte de six morts, plusieurs blessés et des armes abandonnées, sans avoir tué un seul royaliste. Le 26, la défense du faubourg fut assez vigoureuse. De Villers tint bon jusqu'au 9 Août ; alors, ne voyant venir aucun secours, il se rendit aux mêmes condi-

tions que Saint-Etienne, et rentra dans Reims. Le
bruit courut aussitôt que le roi allait assiéger cette
ville, ou Rethel, ou Vitry. Il vint, en effet, le mardi
11 Août, dîner à Cernay-lès-Reims avec sa troupe, soit
pour faire plaisir à ceux de Châlons, soit pour reconnaître la place et tenter une surprise de concert
avec les royalistes du dedans. *Le peuple s'esmeust,
mais la ville estoit bien gardée.* Le jour même de la
prise d'Epernay, à la garnison, aux troupes de Saint-
Paul, se joignait l'armée de secours conduite par le
duc de Guise et le prince d'Amblise. Le roi ne crut
pas prudent de s'attaquer à de si grandes forces ;
son but était atteint : il revint *au général de ses affaires,*
au plan arrêté dès le commencement de la campagne.
Les ligueurs, de leur côté, ne se hâtaient point de
courir les chances d'une bataille ; *il n'y eut qu'une
petite défiance, où furent tués deux des gardes de
M. de Guise et garnison de Vitry.* Après cette pro-
menade militaire, Henri IV rentra à Epernay, y sé-
journa jusqu'au 16 Août, puis se dirigea vers Meaux
et Provins, tout en promettant *de revenir en bref.*
Avant de quitter Epernay, il en confia le gouverne-
ment au protestant Vignolles, qui devait la soigneu-
sement garder contre toute nouvelle entreprise des
ligueurs.

La perte d'Epernay causa une grande douleur *aux
pauvres catholiques de Reims, regrettant surtout leurs
trois pièces d'artillerie perdues et celles de Châlons
rendues.* Ils accusèrent les gens de guerre, un peu
Saint-Paul et beaucoup de Villers, qu'ils traitèrent *de
lâche et mauvais cœur.* A ces récriminations, de Villers
répondit par des récriminations, disant hautement
que Messieurs de Reims étaient cause de la reprise

d'Epernay, *pour ne l'avoir secouru*. Le conseil, piqué
au vif, se transporta avec les capitaines de ville auprès
de Saint-Paul, « demandant raison de ces propos in-
jurieux. » Plus tard, le malheureux capitaine tâcha
de se réhabiliter comme Saint-Etienne, en attaquant
la ville qu'il avait rendue (Février 93) ; mais il fut
blessé, pris et mourut. On ramena son corps aux
Prêcheurs de Reims. *On n'y eut grand plainte, ny
regrets.*

Le duc de Guise eut aussi sa part dans les récriminations des Rémois, mais avec plus de ménagement,
selon que le comportait sa haute position. Le 10 Août,
les conseillers de ville prirent la conclusion suivante :
« Nous irons saluer M. de Guise ; s'il fait ouverture
de la prise d'Epernay, nous ferons nos plaintes. »
Cependant, les accusations ne doivent tomber exclu-
sivement ni sur les chefs, ni sur les soldats, ni sur les
peuples, mais sur tous à la fois, car tous ont fait des
fautes : de Rosne et Saint-Paul, en s'enfermant dans
leurs places, sans sortie, sans direction ; de Villers,
en pressant trop sa capitulation : un jour de plus, il
eût été fortement secouru ; l'armée alliée, par sa
lenteur à se réunir, par sa jonction à Reims, qui lui
fit perdre des heures précieuses ; les Rémois, par
leurs préoccupations personnelles, qui les rendirent
trop avares de leurs soldats et de leurs munitions.

En résumé, la campagne a été mauvaise pour les
ligueurs, surtout pour ceux de Reims ; des rancunes
et des divisions, de la honte et des dettes énormes,
tel est le produit le plus clair du siége d'Epernay.
Pendant quinze mois, le règlement des mémoires
d'une foule de commissaires, employés, marchands,
charretiers réclamant « des déboursés, des salaires,

des créances , des indemnités pour charrettes et chevaux perdus, ravive leur douleur. » Un impôt forcé de 20,000 écus, auquel il faut contraindre un grand nombre de récalcitrants, pauvres, ruinés, privilégiés; les indignes malversations des *asséeurs*, Henry Mimin, Gérard Roland et Claude Lafricque, « qui, faisant le département, se deschargent, leurs parens, amis, alliés, voisins, » ajoutent encore au ressentiment et au scandale. Enfin , le but de la guerre n'étant pas atteint, les soldats d'Epernay recommencent leurs courses plus fréquentes, plus insolentes, plus ruineuses que jamais. En une seule fois, ils emmènent tout le troupeau de porcs *sujets à la pâture de porte Vesle* (30 Mars 1593).

Ainsi, aux malheurs passés s'ajoutent des pertes et des inquiétudes nouvelles, provoquant de nouvelles plaintes. Les capitaines y répondent en offrant de nouveau leurs services pour assiéger Epernay, peut-être pour réparer leurs fautes, venger leur honneur, reconquérir la popularité, ou plutôt engraisser leur armée dans le pays de Reims et recevoir encore *quelques bonnes bouteilles*. Saint-Paul, en particulier, se montre très-pressant : à plusieurs reprises (3 Septembre, 17 Novembre 1592, 31 Mars 1593), il requiert Reims, « de par le duc de Guise, de contribuer à la fortification de Mareuil, où le duc vient de faire entrer 200 arquebusiers pour incommoder les villes royalistes, d'écrire au duc de Mayenne qu'ils fourniront vivres pour le siége d'Epernay, où y a bien peu de gens de guerre, où les brèches ne sont réparées et seroit aisé de surprendre la ville. » Les gens du conseil ne se laissent plus prendre à ces appâts trompeurs ; bien refroidis à l'endroit des expéditions militaires, lassés *de la foule des soldats*, ils se montrent peu sensibles à la gloire d'une revanche par les armes, et répondent par un refus formel : « Nous ne pouvons rien faire pour le moment, attendu la nécessité où nous sommes ; il ne faut fortifier Mareuil, vu la ruine advenue précédemment. » Ils ne cèdent que quand leur compatriote Anthoine Fremin s'engage, pour Saint-Paul, à leur rendre leurs armes et outils, préférant la promesse d'un marchand à celle des princes ou des capitaines. La seconde demande les trouve moins récalcitrants. « Ils écrivent à Monseigneur du Maine pour lui recommander une lettre de M. de Saint-Paul, par laquelle il verra bien amplement l'estat des affaires du pays, esquelles nous le supplions très-humblement apporter le soulagement requis et duquel il est beaucoup de besoing, ce que toutesfois remettant à sa prudence accoustumée, nous ne l'importunerons davantage. » (3 Septembre 1592.) Ces humbles banalités ne ressemblent guère aux lettres pressantes écrites au duc de Parme. On veut faire plaisir à M. de Saint-Paul, sans tenir au succès de la démarche, sans y compter. En effet, Mayenne se contenta de répondre *qu'il aviserait*.

Un peu plus tard (5 Février 1593), M. de Boissieux revint à la charge : il fit dire au conseil qu'il avait à lui communiquer quelque affaire d'importance, et l'engageait à utiliser l'armée du comte Charles, arrivant des Pays-Bas.

Cette communication produisit un effet tout contraire à celui qu'on pouvait attendre. A la vérité, les Rémois seraient enchantés du siége d'Epernay. Ces ouvertures leur rendirent même leur ancienne initiative, leur première ardeur, pour envoyer à Mayenne, au comte

Charles lettres sur lettres, leurs plus habiles messagers, leurs plus éloquents députés, le doyen Frizon, le conseiller Parent, l'huissier Pierre Coquillart (5-16-22 Février 1593). Mais ce fut d'abord pour éloigner l'armée espagnole, puis pour se plaindre de ses excès, « suppliant de lui donner quartiers ailleurs, de la mener par la Brie, où elle passeroit la Marne facilement, et l'employer à reprendre Epernay, et reprise, la faire raser. »

Ce nouveau plan de siège, trop évidemment égoïste, ne fut pas même discuté. Epernay, souvent harcelé par quelques compagnies, ne fut plus sérieusement menacé. Les habitants de Reims en prirent assez sagement leur parti. Ils demandèrent à la paix ce que la guerre ne pouvait leur donner : bientôt deux trèves (Avril et Juillet 1593), enfin l'édit de pacification de 1594 (Novembre), après cinq ans de lutte, les réconcilièrent avec Epernay dans les mêmes sentiments, sous le même drapeau.

Reims, P. Dubois, Imprimeur de l'Académie Impériale de Reims.